Stéphane REVOL...

...IVRE DES FRANÇAIS

EN TUNISIE

TUNIS

...RIMERIE CENTRALE (Georges GUINLE & Cie) 7, rue d'Italie

1910

Stéphane REVOLON

ŒUVRE DES FRANÇAIS

EN TUNISIE

TUNIS
IMPRIMERIE CENTRALE (Georges GUINLE & Cie) 7, rue d'Italie
1910

ŒUVRE DES FRANÇAIS

EN TUNISIE

Le public, en général, et la presse, en particulier, ont fait justice des appréciations de certains journaux sur la Colonie Française en Tunisie.

Pour répondre aux attaques injustifiées :

Je ne vais pas vous écrire de grandes phrases, ni réfuter aucune théorie sur l'assimilation, le Protectorat, l'Annexion, l'union des races, etc. Je m'en vais tout simplement vous dire ce que nous avons fait pour l'élément indigène, comment nous avons trouvé le pays et comment nous l'avons fait ; je m'appuierai sur des chiffres : c'est une statistique.

Votre bon sens et votre intelligence des affaires vous diront si nos calomniateurs ont raison ou si nous avons fait acte de bons Français.

La plupart des Français ignorent complètement la vie de leurs colonies et ne s'en font qu'une idée très imparfaite ; ils sont la majorité de la nation.

Un nombre grandissant de touristes constitue un contingent de plus en plus important ; les uns excursionnent, groupes d'agences ou de corporations, les autres y vont simplement de leur voyage ; d'autres ne font que de courtes missions.

Cette deuxième catégorie, à laquelle s'ajoute la classe annuelle du recrutement, retourne en France avec une opinion bien superficielle, et quelquefois faussée, du pays qu'elle vient de visiter.

En effet, les touristes sont à la merci des guides

intéressés à les orienter au profit d'entreprises mer-
cantiles, leurs instants sont comptés ; les caravanes
corporatives encadrées de pilotes officiels suivent un
itinéraire truqué ; les loisirs des soldats ne les lais-
sent pas sortir du cercle étroit de la garnison qu'ils
ne quittent que pour en changer ou pour sacrifier au
surmenage des grandes manœuvres.

Tous ces explorateurs reviennent chez eux avec des
visions confuses, des examens imparfaits ou des obser-
vations intéressées sur le pays qu'ils viennent d'entre-
voir. Il n'y aurait pas grand mal à cela si cette pre-
mière impression devait se compléter de voyages
successifs ; mais généralement on se contente d'avoir
découvert la Tunisie quand il s'agit d'une excursion
chez nous et d'ébahir le voisin crédule que le hasard,
l'aisance ou le passe-droit ont moins favorisé.

Reste la troisième catégorie de la nation : celle qui
émigre et qui s'attache à sa terre d'adoption ; c'est de
celle-là, la plus intéressante pour ma démonstration,
que je veux entretenir mes lecteurs.

On ne peut parler que de ce que l'on a vécu et les
meilleurs enseignements nous sont donnés par les
difficultés que nous avons dû vaincre. Pour qu'une
démonstration porte ses fruits il faut qu'elle soit
appuyée sur l'expérience et je ne connais pas de meilleures conférences à faire sur la Tunisie que de retra-
cer les travaux de ceux qui l'habitent depuis vingt-
cinq ans, c'est-à-dire au lendemain de l'occupation.

Lorsque nous sommes arrivés ici, le pays sortait
d'un absolutisme qui avait engendré l'anarchie gouvernementale et le désarroi dans l'administration.

Les ministres beylicaux avaient anéanti le pouvoir
de leur maître et ruiné les finances ; La France, en se
défendant d'avoir voulu conquérir la Tunisie, enten-
dait se dispenser d'y installer une Administration
Française.

Ceux qui vinrent coloniser durent se débrouiller, selon l'expression africaine bien consacrée, et je ne crains pas d'avancer que c'est grâce à l'harmonie qui ne cessa de régner entre les premiers colons, à l'endurance dont ils firent preuve, à leur persévérance et à leur esprit de patriotisme que l'Administration put établir sa gestion et l'étendre pas à pas.

J'entends, dans ce qui va suivre, faire à l'Administration la large part à laquelle elle a droit dans la tâche énorme qu'elle a accomplie dans ces vingt-cinq dernières années qui constituent le relèvement de la Tunisie ; mais je tiens à affirmer que toujours elle n'a agi que sous la poussée de la Colonie quand il a fallu aller de l'avant, retardant le plus possible les innovations et les réformes nécessaires, ne prenant d'autre initiative que celle du fait acquis.

Mais ne nous dissimulons pas qu'au moment de l'occupation, dans les sphères supérieures indigènes, comme dans certains consulats étrangers, la Colonie française n'était pas sympathique et que l'aristocratie tunisienne et les chauvins de certaines nations lui réservaient une hostilité sourde mais tenace.

Les jalousies qu'avait pu s'attirer la France, de la part de quelques nations, se sont fondues à la chaleur de l'entente cordiale ou devant l'intérêt. Je ne retiendrai, pour le but que je poursuis, que l'examen de notre situation avec les Arabes.

De même, je n'ai pas à revenir après tant d'autres sur le rôle de la France en Tunisie.

Mais, en dépit de certains aristocrates Arabes-tunisiens qui se croient patriotes, j'entends soutenir que l'action française telle qu'elle s'est manifestée jusqu'à ce jour n'a été qu'efficace aux indigènes de toutes les castes en Tunisie.

Nous avons vécu vingt-cinq ans avec les indigènes de toutes conditions sans jamais froisser leurs idées ou leurs croyances, mais les accusations formulées contre nous par des Français qui se font les porte-paroles de jeunes Tunisiens sans expérience me poussent à d'amères réflexions.

Nous avons trouvé Tunis baignée dans ses égouts, éclairée par des porteurs de lanternes que peuvent regretter les amateurs de peinture flamande, mais que l'éclairage public a avantageusement remplacés.

La capitale de la Régence n'était qu'un grand fondouk.

Le pays était sous la menace constante de la famine et de l'armée du Bey qui n'existait que pour recevoir les impôts, et des grands chefs qui pressuraient le fellah.

Le Bey qui était au pouvoir lors de notre expédition passait au demeurant pour un excellent homme (la plupart des gouvernants sont de très bons pères de famille et les meilleures gens du monde dans la vie privée) mais il était resté impuissant à empêcher les intrigues et les dilapidations de ses Ministres, et la France, troublée dans ses frontières algériennes et lésée dans les intérêts de ses nationaux, ne pouvait supporter plus longtemps les conséquences fâcheuses de l'anarchie qui achevait la ruine dela Tunisie.

Nous avons donc pris le pays en charge, dans le dénuement le plus absolu, dans le désarroi le plus complet. Ceux d'entre nous qui ont connu les Beys Mohamed Es Sadok et Ali savent que ces princes, alors qu'ils étaient Beys du Camp, avaient dû, avec des troupes déguenillées, faire rentrer les impôts par la force dans les caisses toujours vides de leur prédécesseur.

Qui ne se souvient des vieilles batteries de La Goulette où les soldats beylicaux tricotaient pour vivre ?

Aujourdui la famille beylicale touche une dotation annuelle de 1,838,000 francs et l'Armée Tunisienne,

réduite à une Garde du Corps bien équipée et ins-
truite à la française, est assurée d'un budget de plus
de 419.612 francs.

Ceci n'est que du décorum, mais enfin, dans un pays
où le conquérant passe pour être arrogant, c'est déjà
montrer certains égards au Monarque placé **sous**
notre protection.

Mais à côté de cela, voilà qui est plus positif : Avant
nous comment vivait le prolétariat ?

L'industrie indigène, qui allait en périclitant, occu-
pait de moins en moins d'ouvriers ; l'agriculture
n'avait que ses fellahs, serfs attachés à la glèbe ; le
commerce n'employait que des portefaix.

Il semble, à ceux qui lisent les articles que certains
organes parisiens nous consacrent, que nous avons eu
pour premier soin de répudier la main-d'œuvre indigène et d'amener à notre suite une armée envahis-
sante de fonctionnaires, d'employés et de manœuvres.
C'est là le pivot de ma réfutation ; j'ai été tellement
indigné des imputations dont nous étions l'objet, j'étais
si pénétré du contraire, que j'ai fait une enquête et un
recensement auprès des administrations et de la colonie française, et que j'ai relevé, avec preuves à l'appui,
les éléments de statistique suivante :

	Européens	Indigènes
Notre Administration occupe....	3.300	4.500
Voici maintenant le personnel oc-cupé par la Colonie française et les Sociétés françaises :		
Entreprises de chemins de fer et transports....................	2.849	1.882
Entrepreneurs de travaux publics	4.006	4.125
Commerce et Industrie..........	3.557	4.955
A reporter...	13.712	15.462

	Européens	Indigènes
Report	13.712	15.462
Industrie extractives des mines et carrières	4.911	11.054
Agriculture	1.018	10.802
Soit	19.641	37.318

c'est-à-dire le double d'indigènes que d'européens.

Les chiffres sont là dans leur cruelle éloquence. Et l'on viendra dire que nous refoulons les indigènes !

Abordons maintenant la question salaire : depuis l'occupation, les salaires des indigènes ont triplé, tandis que pour les européens, ils n'ont augmenté que de 20 % en moyenne ; c'est plutôt l'ouvrier français que l'on refoule.

La propriété a augmenté dans des proportions considérables, elle a doublé ; les céréales, en général, ont subi la même augmentation. Qui a le plus profité de ces plus values si ce n'est l'indigène, grâce à l'arrivée des colons français ?

Que rapportaient les Habous avant notre occupation ? et aujourd'hui, quelle plus value énorme leur avons-nous donnée, sans que ces biens religieux participent aux charges de la collectivité ?

Les charges des indigènes depuis l'occupation, c'est-à-dire leurs besoins, n'ont augmenté que de 20 %, tandis que pour l'ouvrier européen c'est une augmentation de 50 % ; il est actuellement plus malheureux que l'indigène, à cause de la cherté de la vie, du prix des loyers et des besoins qui grandissent sans cesse.

Si je racontais en détail la patience de nos colons, commerçants et industriels, pour arriver à apprendre aux indigènes à se servir d'une charrue, d'une machine agricole, à en faire des chauffeurs et des ouvriers d'ateliers ; dans les chantiers à se servir d'une pelle, d'une pioche (nous sommes même arrivés à en faire des mineurs,) à leur donner le goût et l'assiduité au travail, il me faudrait faire un volume.

Le colon français que l'on représente comme un négrier a été l'instituteur, le professeur de l'indigène ; mais aussi, demandez au fellah de la campagne, interrogez-le sur la différence de traitement chez le Français et chez son compatriote.

Si lui ou sa famille se trouvent malades, le colon les soigne comme l'un des siens ; toutes les fermes, mines et chantiers, mettent des médicaments à la disposition des indigènes.

Et saura-t-on assez l'œuvre que nous avons accomplie dans ce pays de Tunisie depuis vingt-cinq ans ?

Tout a été organisé dans l'Administration ; le pouvoir central, les contrôles civils, la justice, les finances, l'instruction publique, les travaux publics, ont donné lieu à des remaniements radicaux qui ont amené la Tunisie à une situation telle que d'un budget de recettes de 11.000.000 en 1882, qui laissait un million de déficit, les prévisions de recettes de 1910 sont de 47.206.340 francs.

Les musulmans n'ont cessé d'être l'objet de la sollicitude gouvernementale ; partout des hôpitaux ont été organisés, et pour donner une idée des services qu'ils rendent, l'Hôpital Sadiki de Tunis, exclusivement réservé aux musulmans, a reçu 2.345 entrées en 1908 et opéré 1.266 malades ; 36.569 consultations gratuites ont été données ; 18.750 doses de vaccination ont été distribuées par les caïdats et 52.100 par les contrôles civils.

A la famine qui sévissait trop souvent on a opposé les prêts de semences et 500.000 francs sont avancés, de ce chef, aux malheureux.

L'instruction publique n'existait pas ; le Protectorat l'a instituée et de 474 enfants musulmans dont 6 filles qui fréquentaient en 1885 les établissements primaires et secondaires, le nombre en est monté en 1908 à 4.493, dont 226 filles.

D'autre part, les écoles coraniques qui étaient en 1885 de 615, étaient de 1.300 en 1908 avec 23.180 élèves.

L'enseignement professionnel a été le souci de ceux d'entre nous qui ont pu l'encourager en le subventionnant.

Les industries indigènes périclitent dans la routine que des ouvriers s'obstinent à suivre, malgré les leçons de la concurrence et l'évolution universelle dont ils ne peuvent empêcher les effets. Au surplus leurs procédés surannés ne produisent rien de bon, tout en coûtant fort cher de temps.

Mais pour eux, le temps n'a jamais été de l'argent et ils prétendent vivre comme aux siècles passés, renfermés dans un milieu intangible, comme s'ils pouvaient empêcher les aéroplanes de passer par dessus leurs mosquées et leurs cours jalousement cloîtrées.

Aujourd'hui, quoi que l'on puisse dire et faire, il faut compter avec le progrès ; l'acheteur musulman cherche le bon marché comme tout autre, et s'il ne le trouve pas chez les siens, il le prend volontiers d'un étranger : d'où misère fatale de son industrie qui n'a pas su se mettre à l'unisson des méthodes perfectionnées.

Aussi les ouvriers arabes arrivent-ils en foule à l'Ecole professionnelle, où nous leur enseignons les industries du fer, du bois, du tissage, la reliure, le modelage, etc.

L'Agriculture, cette mère de toutes les industries, était par dessus tout ignorée par eux. L'Arabe tunisien a toujours été surtout pasteur, non pas par amour du bétail mais parce que cette vie favorise mieux sa nonchalance ; c'est pourquoi il n'a cultivé que le moins possible, se contentant de gratter la terre et de contourner la brousaille qui venait barrer son sillon.

Nos procédés de défrichement et de défonçage, nos labours profonds, notre science de la culture et notre souci de l'enseignement agricole les ont amenés à nous imiter et un groupe éclairé a pris chez eux l'initiative de la création d'une école à Lansarine avec le concours de notre Administration.

Aborderons-nous maintenant les travaux publics ?

Lors de l'occupation nous avions 4 kilomètres de route carossable, en 1908 nous en avions construit 3.266 kilomètres ; notre réseau ferré était de 231 kilomètres, il est aujourd'hui de plus de 2.000 kilomètres avec un service d'automobiles sur 350 kilomètres.

Nous n'avions pas de ports.

Tunis, depuis plusieurs années, est parmi les cent premiers ports du monde ; Bizerte, Sfax et Sousse sont des mieux outillés. Toutes nos côtes sont sûres, garanties par des phares et des bouées dans toutes les passes dangereuses.

Nous avons organisé un service postal qui ne le cède en rien à ceux des premières puissances.

La Tunisie compte près de 420 bureaux ou agences postales, 210 bureaux télégraphiques avec 15.500 kilomètres de fils pour 4.200 kilomètres de lignes et 6.500 kilomètres de lignes téléphoniques.

Le mouvement des correspondances a été en 1909 de 60.646.468 dont moitié pour la Tunisie ; celui des télégrammes de 1.650.000 avec la même proportion pour la Tunisie : il n'était que de 425.186 en 1882.

Les dépenses pour construction de bâtiments civils se montaient en 1907 à 16.500.000 francs.

L'aménagement des points d'eau et le forage des puits artésiens a coûté 3.000.000 de francs.

L'agriculture est en train de reconquérir la Tunisie et de la ramener à son antique prospérité.

Les engins et les méthodes perfectionnés de nos colons font école et les indigènes, qu'encourage le Gouvernement par tous les moyens et sous toutes les formes, arrivent à adopter nos procédés. C'est qu'ils se sont rendus compte que nous obtenions des rendements de beaucoup supérieurs à ceux de leurs meilleures années. L'élevage du bétail, la culture de l'olivier, celle de la vigne, leur sont aussi enseignés par comparaison et ces leçons muettes sont les plus éloquentes.

Les chiffres comparatifs ne sauraient être très probants en ce qui concerne les récoltes, étant donné qu'il faut compter avec les mauvaises années : cependant ce que nous pouvons dire, c'est que le nombre des hectares emblavés a doublé, que les vignes sont passées de 1.776 hectares à 16.451 en 1908, que les oliviers dont le nombre était de 5.755.836 pieds atteint celui de 11.428.661.

Le soin apporté aux céréales en a augmenté la valeur moyenne dans des proportions considérables, et l'huile d'olive, dégrevée d'une portion de ses droits de sortie et appréciée du marché mondial, atteint des prix auxquels ils n'aurait pas fallu songer jadis.

L'élevage fait également de notables progrès : la présentation annuelle de près de 400.000 têtes de bétail sur le marché de Tunis crée un mouvement des plus lucratifs.

La grosse industrie n'existait pas avant nous, car on ne saurait dénommer ainsi les métiers exercés dans les souks, ni les fabriques de tapis, de poteries, la préparation des pulpes, des éponges, de même que les quelques moulins à farine qui pouvaient exister avant notre occupation.

Le grand essor donné à notre réseau de voies ferrées, les constructions des monuments publics et privés ont amenés la création d'usines métallurgiques importantes auxquelles sont venues se joindre de nombreuses exploitations minières et phosphatières, des fabriques de meubles et de voitures, des usines à chaux et à ciments, des minoteries, des huileries, et enfin de gros chantiers d'entreprise de bâtiments et de terrassement.

L'industrie minière et phosphatière extrait à elle seule annuellement plus de 38 millions de francs.

Enfin le commerce a progressé dans des proportions telles que le mouvement général qui était en 1885 de 23.743.486 francs laissant une différence de 5.399.948 francs en faveur de l'importation, est devenu en 1907 de 206.221.281 francs avec un profit en faveur de l'exportation de 500.841 francs.

Ceci se passe de commentaires.

Mais il n'en est pas moins démontré l'action bienfaisante de la colonie française sur le pays musulman, sur ces Arabes qu'elle passe pour pressurer alors qu'elle entretient, comme je l'ai indiqué plus haut, une armée de 32.818 indigènes.

Que faisaient-ils ceux-là avant notre venue ici, puisque nos fermes, nos usines, nos comptoirs n'étaient pas créés ?

Où travaillaient tous ceux qui sont à leur compte : les arabatiers, les portefaix, les arrimeurs, les commissionnaires, etc., etc., qui vivent du mouvement des ports et des chemins de fer, abstraction faite des employés des administrations que j'estime en dehors des entreprises privées ?

Et qui bénéficie surtout de ce mouvement intense que nous avons apporté ici ? N'est-ce pas l'indigène et les Habous dont la propriété a décuplé et dont les denrées ont suivi la même proportion, alors que les salaires ont triplé ?

J'estime que les rédacteurs des organes parisiens qui se spécialisent dans nos questions coloniales en général, et tunisiennes en particulier, feraient meilleure œuvre à la fois française et humanitaire, en démontrant aux indigènes qu'ils n'ont qu'à gagner à devenir nos collaborateurs. S'il est des circonstances où le chauvinisme ne doit pas être évoqué, c'est bien dans le cas de nos indigènes tunisiens; leur nationalité n'est pas menacée, et quant à leur liberté individuelle, elle n'a jamais été mieux garantie qu'elle ne l'est sous notre protectorat.

Qu'on en finisse surtout avec cette légende absurde et monstrueuse que nous refoulons les Arabes et agissons envers eux comme des négriers, quand un quart de siècle de labeur et de tolérance nous donne droit à la reconnaissance de tous.

Stéphane REVOLON.